AF563179

SOLUTION POLITIQUE

PAR

Le Dr MOURET

PRIX : 50 cent.

LE PUY

IMPRIMERIE ET LITHOGRAPHIE M.-P. MARCHESSOU.

Boulevard Saint-Laurent, 23.

1871

Monistrol-sur-Loire, 10 juillet 1871.

Une grande question patriotique s'impose en ce moment à l'examen de tout Français soucieux de l'avenir de son pays : cette question est de vie ou de mort nationale.

Cette assertion ne nous semble nullement exagérée ; à aucune époque de l'histoire des peuples, on ne compta tant de fléaux déchaînés à la fois sur une nation ; le moment est suprême, encore un ébranlement et nous courons à la décadence.

La direction imprimée à la politique va décider de l'avenir de notre chère patrie. A ce point de départ il n'y a que deux routes : l'une conduit à une grandeur et une nouvelle prospérité, qui pourra dépasser toute prévision ; l'autre nous ménera aux abîmes.

Nul n'a le droit de se taire ; en de pareilles circonstances, chacun a le devoir d'obéir au cri de sa conscience. On ne peut se justifier de son abstention par l'allégation d'une notoriété insuffisante.

C'est sous la pression de cette conviction que je prends la plume pour dire à mes compatriotes : Sortons enfin de notre torpeur politique traditionnelle, discutons! discutons!

La lumière jaillit du choc, faisons-la pénétrer partout; qu'elle descende en rayons éblouissants dans les profondeurs obscures où vont conspirer les foules égarées, excitées, trompées par les ambitieux et les casse-cou.

Il n'importe pas moins qu'elle éclaire les pas de la réaction, afin qu'elle n'aille pas se laisser affoler par les circonstances. Je viens donc, avec la satisfaction que fait éprouver le sentiment du devoir à accomplir, ouvrir une opinion au milieu de mes concitoyens.

« A ceux qui demanderont qui je suis, je répondrai : Je « suis, comme alors, le républicain de 1830 et de 1848; « j'ai lutté pour la démocratie, c'est-à-dire pour l'éga- « lité et le suffrage universel, pour la forme républicaine « contre la monarchie, pour la prépondérance absolue « de la représentation nationale sur le pouvoir exécu- « tif. »

Mes convictions de la jeunesse ont subi peu de changements, si ce n'est en deux points pourtant que je veux faire connaître.

Le premier, qui se rencontre dans l'ordre des études purement économiques, consiste en ceci : j'avais cru que la concurrence à outrance, la liberté illimitée en matière d'industrie et d'échange devrait subir l'action de lois restrictives. J'ai reconnu que c'était là une erreur et que, seule, la liberté peut dénouer les difficultés de ce genre.

Dans l'ordre politique, j'avais admis la distinction des gouvernements de fait, et des gouvernements de droit, dans leur essence. Je pense aujourd'hui que cette appréciation est subtile et qu'il n'y a de gouvernement de droit que celui qui est établi par la volonté nationale, car le droit de fonder un gouvernement implique celui d'en changer.

J'exprime fermement cette opinion, quelque déplaisir qu'elle puisse causer aux fanatiques du radicalisme ou aux ultras de la légitimité. Je ne puis plus admettre de principe supérieur à la volonté de la nation entière consultée, si ce n'est celui de l'égalité.

Moins ces deux exceptions, l'auteur a vieilli pendant bientôt un demi-siècle, mêlé plus ou moins à la politique, sans rien changer à ses convictions. Il ne lui a rien coûté de signaler ce que, au cours de la vie, les changements dans les choses, la maturité de l'âge et du jugement avaient apporté de changements en lui.

On entend souvent les hommes se prévaloir et même trouver quelque gloire à proclamer bien haut qu'ils n'ont jamais changé. On ne saurait les féliciter de tirer vanité de cette situation de leur esprit; il est évident qu'ils font là un effort qui n'a d'autre résultat que de les rapprocher des êtres purement instinctifs : l'homme seul peut changer, c'est-à-dire apprendre et progresser; ce sont là des attributs que la divinité lui a donnés pour qu'il pût se mettre en rapport avec elle en se perfectionnant.

Je suis donc toujours le partisan de 1848; mais, grand Dieu! quel chemin n'a-t-on pas fait faire aux questions de cette époque? Relisez les innombrables comptes-rendus des séances des clubs de Paris et de la province depuis 1869; quel chaos, quelle pulvérisation de la civilisation moderne!

Le capital, que nous, gens de 1848, voulions faire vivre en bonne intelligence avec le travail, comme deux associés indispensables, au lieu de les voir s'opprimer mutuellement et tour-à-tour, n'est plus un auxiliaire utile ;

non, c'est un ennemi; il faut courir sus, ô honte, non pas seulement pour le combattre, mais pour le détruire, ou se l'approprier... sous le prétexte de le mettre en commun.

Au lieu et place d'idées généreuses, libérales, qui se dégageaient de nos principes comme des conséquences naturelles, nous ne retrouvons que doctrines despotiques, théories de violence, de salut public, d'oppression.

Les professeurs de cet enseignement malsain n'ont même pas pour eux l'excuse d'une conviction, cette circonstance atténuante de tant de sottises. Utopistes par ambition, ils se font par métier les ennemis de la civilisation actuelle.

Pour satisfaire leur orgueil et leur cupidité, ces orateurs aimés des clubs ont fait couver à leur esprit toutes ces subversions, toutes ces concupiscences nées d'instincts paresseux ou de natures dissolues.

Ils ont tout maudit tour-à-tour : le capital, l'épargne, l'ordre, la prévoyance paternelle, la paternité elle-même : ils ont prêché le communalisme dissolvant, le matérialisme abrutissant, abject.

Heureusement ces coupables, ces criminels esprits, qui achèvent d'égarer les foules délibérantes, — ces réunions qui semblent soumises aux lois de la fermentation, comme les matières organiques entassées, — ces plagiaires de salut public et de la terreur, n'ont rien de commun avec le parti républicain digne de ce nom. « A quel titre se permettraient-ils de nous chercher dans leurs rangs, ou feindraient-ils la surprise, en nous retrouvant unis à tous les partis indignés dans un même sentiment d'horreur! »

Ah! les malheureux, les parricides, sous les coups

qu'ils lui ont portés, si la France n'eût pas été douée d'une vitalité incomparable, de tels enseignements, de telles commotions l'eussent anéantie.

C'est après des désastres militaires inouïs que naît la guerre civile la plus cruelle qui se soit vue encore. Après la ruine de notre gloire et de nos finances, dans une succession de fatales défaites, nous fallait-il encore la ruine du commerce intérieur, par une insurrection sauvage, sans principe, sans idée avouable, sans but utile, brigandage furieux, sanglant, aviné, qui ne laisse debout ni une institution, ni un monument historique, ni un chef-d'œuvre des arts, ni un édifice d'utilité générale, ni une bibliothèque, ni une propriété privée, ni une existence honorable, sans l'attaquer avec une rage stupide !

Tout ce que la haine de la patrie, l'orgueil de la domination, la soif d'une monstrueuse renommée, — les crimes des Catilina, des Néron, des Erostrate — pouvaient produire de tempêtes, s'est un jour condensé sur Paris épouvanté.

Et pourquoi tant d'infamies ? Parce que quelques centaines de fainéants déclassés se sont mis au service de ces sociétés nombreuses, où l'on affirme ne pouvoir trouver d'amélioration à une condition de labeur, que dans la démolition de fond en comble de la société moderne.

Au lieu d'user de leur influence dans un sens d'apaisement, ce sont ces mêmes hommes qui, chaque jour, excités davantage par une atroce rivalité, exagèrent encore les idées les plus subversives, convaincus de la popularité qu'ils vont acquérir auprès de ces réunions ignorantes et crédules, où l'excès est à l'ordre du jour.

L'un rêve de la présidence, un autre se voit ministre, celui-ci ira faire du proconsulat dans une préfecture quelconque, ce dernier veut la gloire de la renommée, dût-il la conquérir à force d'audace, de cynisme, de cruauté, d'étrangeté quelconque! Ne faut-il pas être porté par le flot populaire des clubs à la représentation nationale, pour de là escalader le pouvoir et prendre part à la curée?

Il n'y a pas d'autre voie; quand, ni la position sociale, ni la considération publique, ni aucun mérite sérieux ne peuvent être mis au service de ces ambitions injustifiables, que reste-t-il? Une dernière chance, c'est de se mettre platement au service des passions aveugles. Approuver et exciter toutes les rancunes, toutes les cupidités, tous ces rêves fiévreux que leur esprit pervers trouve encore le moyen de rendre plus mauvais. On ne vit plus que dans la colère, et le *Père Duchêne* grince son vocabulaire!!

Mais ce n'est pas tout, là aussi naît l'émulation! Dans les rangs de ces coryphées, il y a des jaloux plus jaloux et des ambitieux plus ambitieux : le héros du jour est infailliblement celui qui a énoncé la plus grande énormité ou commis la plus grande audace, à lui les *bravos*, les *hurras* de la journée.

C'est ainsi que, de simple soldat, on devient général dans l'armée du tapage. On s'y *chauffe* les uns les autres, qu'on nous passe le mot. Si l'un propose le moyen d'assujettir le capital, un autre va demander qu'on le stérilise, un troisième qu'on le détruise, un quatrième qu'on se l'approprie.

Si quelqu'un propose le divorce, un émule ne manquera pas de demander, pour les liens du mariage, la même facilité de nouer et de dénouer que pour le nœud de sa cravatte ; un troisième blâmera les derniers scrupules du préopinant ; il proposera, pour toute formalité, le simple désir ; mais le dernier orateur, souriant de pitié, trouvant mieux dans les *enseignements de la nature*, réduira le mariage à la promiscuité du hasard !

S'il est proposé de limiter le droit d'acquérir et de posséder, on ne manquera pas de proposer l'abolition du droit de transmettre.

Quant à la liberté de conscience, même libéralisme ; on demande d'abord la suppression du budget des cultes, puis celle des cultes eux-mêmes, leur exercice deviendra un délit... Mais le dernier que ces motions ont empêché de dormir, tellement elles ont eu de succès, se lèvera le premier le lendemain et proposera de supprimer Dieu !

Nous savons tous maintenant ce qui devait sortir de ces excitations destructives ! et ils appelaient cela République ? O suave allégorie des poètes qu'étiez-vous devenue !

Tous les esprits pénétrants avaient prévu des troubles civils ; on se disait, après les Prussiens, la guerre civile, mais quelle est l'imagination qui eût osé prévoir que ces fous furieux avaient préparé de longue main la ruine de tout ce qui est grand dans les arts, dans les sciences, dans l'histoire ou parmi les hommes.

Ce qui met le comble à de pareils forfaits, c'est d'avoir choisi pour les exécuter le moment où la France, délivrée enfin de la crainte de voir sa capitale brûlée par les bombes allemandes, se recueillait, résignée mais grande, mais résolue à se relever sous le drapeau de la République établie en fait et contre laquelle aucun parti n'eût osé, en ce moment, s'élever ; car si elle n'était acclamée que par un certain nombre, elle était acceptée par tout le monde.

Il fallait, au contraire, dès ce jour, la faire admirer de tous, l'entourer de respect, afin de forcer ses rares ennemis à s'incliner aussi. Il fallait la montrer à tous les partis digne de devenir le dernier refuge contre le malheur, et l'idéal futur et puissant de toutes les espérances viriles, libérales, patriotiques. Et c'est ce moment qu'ils choisirent pour la salir, la traîner dans la boue, dans le vin, dans le sang, pour en faire une mégère infectée de pétrole.

Quoi ! le parti républicain aurait quelque chose de commun avec ce parti de tyrans, de despotes, de voleurs et d'incendiaires, avec ces assassins d'ôtages, ces oligarques à tribunal secret, ouvrant des guichets vénitiens à la délation ? Non ! mille fois non ! Mais, pour cet ignoble combat, ils avaient volé le drapeau de la République.

Et ceux qui, dans les rangs monarchiques, sont en quête d'arguments contre elle, n'ont pas manqué de rapprocher les trois dates de 1793, 1848, 1871 ; ils ont évoqué les souvenirs funèbres de mai, juin, octobre.

Mais si la fatalité s'est attachée trois fois au berceau de la République, les esprits élevés n'ont jamais désespéré de son avenir. Le grand principe attire la France éclairée vers cette dernière forme de l'évolution sociale : c'est le phare vers lequel irrésistiblement se tournent les nouvelles générations.

Chacun sait bien que la République, définitivement établie et forte, c'est l'égalité, si chère aux Français, irrévocablement fondée ; c'est la liberté politique; celle de la conscience, de l'association, de la parole, de la plume ; c'est le développement le plus large possible de toutes les puissances de l'esprit et du corps, de toutes les facultés humaines ; c'est la souveraineté populaire, le régime indiscutable et puissant des majorités ; en même temps que les minorités elles-mêmes, respectées dans leurs droits imprescriptibles, l'égalité, le suffrage, peuvent travailler en toute liberté, dans le respect des lois, à leur avénement futur.

Que peuvent avoir de commun avec nous, encore une fois, ces cosmopolites furieux, ces bandits sans patrie, qui viennent d'épouvanter dans leur tombe les Marat et les Babeuf ? Ont-ils respecté un droit, une conscience, une liberté ? N'est-il pas, d'ailleurs, hors de discussion que leur programme ne contenait aucune idée politique ? À ce point de vue, était-il un besoin qui ne fût satisfait ?

L'égalité civile et politique était absolue, la part de souveraineté si égale, que le bulletin du dernier d'entre eux pesait, dans l'urne, le même poids que celui du premier ministre ; enfin, la République était rétablie en fait et n'attendait qu'une sanction nationale, que l'immense majorité des citoyens lui préparait.

Dans cette révolution inouïe, on n'aperçoit que deux choses : comme programme, les théories dissolvantes et anti-unitaires de la Commune ; comme moyen, le concours de tout ce que l'Europe contient de fous, les prisons de bandits, les déclassés d'ambitieux.

On nous pardonnera cet exposé. Chacun sait aussi bien que l'auteur, et les faits et leur cause ; mais était-il possible d'aborder la question qui nous occupe, *la solution*, sans quelques prolégomènes ?

Nous devons nous demander maintenant quelle est la voie de la sécurité, de la stabilité, de la prospérité, du progrès, de l'ordre et de la justice ?

Je n'hésite pas un instant à penser que tous ces biens, dans un avenir prochain, la République peut nous les donner. Je n'y mets que deux conditions, il faut qu'elle soit libérale et forte, c'est-à-dire qu'elle puisse donner l'ordre et la liberté. On l'a répété souvent, et toujours avec vérité, il n'y a pas de liberté sans ordre et pas d'ordre durable sans liberté.

Si la République n'était pas un besoin, une nécessité des temps, les misérables qui, à Paris, prétendaient agir en son nom, l'auraient rendue odieuse. Nous voyons, au contraire, la foi dans la grande institution restée debout, malgré tant d'horreurs.

Si les honnêtes gens, dans les diverses nuances des partis, ne l'embrassent pas encore, chacun la respecte et si les royalistes et les bonapartistes, en général, aiment peu les républicains, ils ne haïssent pas tous la République.

Cela est dû à ce que l'établissement de la République, en 1871, se trouve entouré de chances particulières, que l'on peut appeler de bonnes fortunes.

D'abord elle naît de la force même des choses, au moment où le terrain politique n'étant plus à personne, lui appartient de droit. A ce moment critique, elle crée un embryon de gouvernement plus ou moins légal, mais de fait indispensable, qui organise la résistance nationale, et, à un moment désespéré, lutte encore contre un ennemi abhorré.

A sa naissance, elle n'a pas à passer sur le corps de ses adversaires pour s'imposer. Elle évite ainsi les dangers qui accompagnent toutes les révolutions comme tous les coups d'Etat, la haine des vaincus, son propre triomphe.

Puis, ce qui achève de la recommander à tous les gens honnêtes, c'est que les coquins de la Commune, tout en hurlant *vive la République!* voulaient la violer et l'étouffer ensuite. C'est là pour elle une auréole incontestable.

Considérons encore que la République est implicitement dans notre droit national et dans nos aspirations, depuis quatre-vingts ans. Les jeunes générations se souviennent à peine s'il exista un principe supérieur à la souveraineté nationale. Egalité, suffrage universel, n'est-ce pas la République? Depuis le jour où le principe de la souveraineté nationale fut substitué à la souveraineté d'un seul, tous les gouvernements qui se sont succédé n'ont été que des délégations. Ce n'est pourtant que depuis 1848, c'est-à-dire de la mise en pratique du suffrage universel, que cette puissance s'exerce dans la plénitude de sa légitimité.

Jusqu'à cette date, deux cent mille privilégiés, sans autre garantie d'intelligence et d'instruction que la présomption par l'impôt, étaient chargés de penser et de voter pour neuf à dix millions d'ilotes. Depuis lors, — où chacun à sa part égale de royauté, — on serait tenté de dire que la République existait, mais à côté d'un pouvoir exécutif qui l'absorbait.

Elle est donc dans le droit national, dans les aspirations et presque dans la pratique, depuis longtemps, et il semble qu'elle ne devrait rencontrer d'ennemis que parmi ceux qui soufflettent le suffrage universel, s'en moquent et s'en passent. C'est assez indiquer les gens de l'Internationale.

Sans doute, on compte à Versailles bon nombre de royalistes ; nul ne saurait le contester. Cependant, beaucoup d'entre eux se rallient à la République de l'ordre. Pour bien servir la République, il n'est pas indispensable d'être son ancien admirateur ; il suffit, à tout noble cœur, qu'elle soit actuellement la nation elle-même et que son drapeau soit celui de la patrie française. Nous pouvons espérer que, même la majorité de l'Assemblée actuelle, s'unira à son Président pour contenir des vélléités imprudentes.

Je reconnais qu'il existe des préventions contre ce qu'on désigne sous le nom de parti républicain. On craint, le cas échéant, de le voir se montrer exclusif, comme l'ont été du reste tous les partis.

Nous devons nous efforcer de dissiper des craintes qui nuiraient à l'avenir qui se prépare. Nous devons montrer, par nos actes et notre politique, que la République libérale n'a pas la prétention d'être la chose d'un parti. Que sous son règne, au contraire, la direction des affaires publiques n'appartient à aucun groupe.

Ces craintes d'ostracisme de la part d'un certain parti sont nées, puis ont été justifiées par les agissements d'une fraction républicaine : je veux parler de cette petite Eglise à porte exiguë, à sanctuaire étroit, où, le *lendemain*, on n'admet que les purs, désignés sous le nom de républicains de la veille. Là, non-seulement on tient pour hérétique toute opinion contraire, mais on traite de schismatique tout ce qui n'est pas idolâtre.

Ce sont de grandes fautes, car, sous la République, les partis n'existent plus. L'honnêteté et le savoir sont des titres suffisants pour accueillir les efforts de ceux qui, sincèrement, veulent la servir. Cette qualification de républicain de la veille ne donne, en fait, aucune garantie d'aptitude. Il y a des gens d'honneur et de grand esprit dans toutes les opinions, il faut savoir leur faire place. La seule chose exigible, indispensable, c'est une déclaration d'honneur.

On voit, à toutes les dates républicaines, le parti radical commettre la même faute. Il répudie le concours de tout ce qui n'est pas lui, il froisse de justes susceptibilités et, sans aucun avantage, donne naissance aussitôt à un parti hostile,

C'est ce qui est arrivé en 1870 ; on a affaibli à ce moment les chances de la République, au profit de quelques ambitions administratives, ou d'espérances électorales. Puis, un certain zèle, plus qu'inutile, l'affectation d'une importance qui blessait, ont produit de l'émotion. Les pouvoirs locaux n'ont pas été exempts d'arbitraire ; ils ont méconnu des convenances rigoureuses ; nous avons le courage de le dire ; puisse cette faute être évitée à l'avenir !

Et pour qu'aucun doute ne puisse planer sur le désintéressement de cet écrit, l'auteur déclare non-seulement ne rien demander au suffrage universel, mais, de plus, être parfaitement déterminé, le cas échéant, à n'accepter de lui aucun mandat.

Maintenant que tout le monde se mette à l'œuvre pour ramener, pour grouper autour du principe démocratique, tous les hommes de bonne volonté, vraiment amis de la liberté. Formons un faisceau pacifique et libéral, auquel puissent venir s'agréger tous les honnêtes gens.

La République seule peut, dans notre conviction profonde, dénouer la situation ; toute autre politique ne sera qu'un indigne replâtrage. Au moment où nous sommes, la monarchie ne peut être qu'un expédient. Quelle monarchie? la légitimité, les fleurs de lis, le drapeau blanc? l'orléanisme et le cens électoral? le bonapartisme et un nouveau coup d'Etat?... Autant de chimères! Pour déblayer toutes les ruines accumulées sur le sol de la France, il faut *tout le monde,* réuni en une puissance impersonnelle, portant le drapeau de la souveraineté populaire.

Ce n'est qu'en son nom que l'on pourra imposer toutes les mesures d'autorité devenues indispensables, et dont une triste expérience aura montré la nécessité; ce n'est qu'en son nom que l'on pourra, si le salut l'exige, voiler un instant le front de la Liberté.

Quel est le prince assez hardi et assez sage, assez populaire et assez fort, pour résister au courant de l'opposition qui viendrait se heurter à lui, quand, après quelques mois de règne, on n'aurait vu tomber de sa main que des lois répressives, des accroissements d'impôts, des mesures restrictives de la liberté passée à l'état de licence?

En de si difficiles moments, comment un trône quelconque pourrait-il se défendre de l'accusation de ne travailler que dans l'intérêt de la couronne et de sacrifier à son omnipotence les libertés publiques? Non, un gourvernement personnifié ne saurait supporter pendant un an le poids de l'opinion dont il serait bientôt accablé.

Il ne lui resterait que la ressource d'un coup d'Etat, une de ces manifestations de la force triomphante, qui font perdre aux nations le sens moral, le *sentiment du droit* et, comme conséquence, celui du devoir.

Je crois donc fermement, la main sur ma conscience, m'élevant pour un instant au-dessus des principes et de ma propre opinion, ne considérant que le côté vraiment pratique : sécurité, stabilité, intérêts, je crois, dis-je, que la République seule peut assurer l'avenir et préserver le présent de tous les dangers qui le menacent.

N'avons-nous pas déjà des preuves éclatantes de sa puissance ? Qui a fait le calme qui renaît ? Au nom de qui a-t-on agi, légiféré, ordonné, organisé, payé ? Sous quel drapeau l'armée s'est-elle si merveilleusement reconstituée et a-t-elle sauvé, au milieu des plus grands périls, la civilisation européenne et l'unité française ? Ces choses, regardées par beaucoup de bons esprits comme presque impossibles, prétendrait-on qu'un prince quelconque les eût réalisées ?

Contre un ordre de choses si magnifique, il est pourtant incontestable que l'on a pu avoir des craintes ; l'Assemblée de Versailles en a fait concevoir à son illustre Président ; que faut-il conclure ? Dans notre opinion, ces dangers sont exagérés. Il ne serait pas exact de regarder tous les anciens monarchistes de la réunion, comme des soldats prêts à suivre quelques chefs *trop pressés*.

Serait-il juste d'élever des soupçons sur tous les honnêtes gens investis, pour cette circonstance, de la confiance de leurs concitoyens ? N'est-il pas avéré que cette grande Assemblée n'a été élue par la nation que pour remplir une mission spéciale, traiter de la paix, réorganiser les administrations, remettre sur pied les corps électifs brisés dans la tempête ? Quel est celui qui oserait prétendre que la France, en nommant cette Assemblée, ait voulu lui donner implicitement le droit de *renverser* la République ?

Soyons certains que la réunion nationale ne se fera, à cet égard, aucune illusion. Elle se pénétrera de plus en plus de la certitude que les élections futures changeront complètement sa physionomie. Les élections supplémentaires qui viennent d'avoir lieu ne laissent, à cet égard, aucun doute ; elles ont énergiquement répondu aux tentatives royalistes : ces menées ont eu, pour premier résultat, d'opérer une fusion qui n'a pas été celle qu'on espérait, elles ont rapproché les diverses nuances des républicains honnêtes.

Il s'est formé spontanément, sous l'influence du programme de la fusion, un grand parti de résistance dans lequel se sont réunis tous les hommes sages. Ce grand parti libéral, qui eut pour ancêtres les Benjamin Constant, les Royer-Collard, rappellera son glorieux passé. Son vieux nom est destiné à servir de drapeau à tous ceux qui, dans l'avenir républicain, feront passer l'amour sincère de la liberté avant la satisfaction de leurs passions et de leur propre intérêt.

Non, le voulût-elle, l'Assemblée de Versailles ne pourra commettre l'acte périlleux de lancer encore la monarchie dans les hasards et la nation dans les aventures. Le sagace vieillard qui la préside ne sera jamais un Monk et le Parlement ne deviendra pas *Croupion*. La France, bientôt rendue à elle-même, se donnera en toute liberté une République digne du respect de tous les hommes et de la considération de l'Europe.

Elle aura pour législateurs tous les citoyens distingués par leurs talents et leurs vertus, qui voudront, à l'avenir, s'appuyer sincèrement sur la volonté nationale. Ils l'armereront d'une force incontestée; afin que son autorité ne soit jamais méconnue. Sa première assise sera le suffrage universel.

Le suffrage, qui est la voix de la souveraineté nationale, est une des grandes questions que ne peut passer sous silence celui qui étudie la politique du moment; c'est ici le lieu de l'examiner.

La critique s'est souvent exercée contre cette institution. Pourtant, aussi longtemps que les hommes, mus par le sentiment de l'égalité politique, auront à résoudre des questions communes, le mécanisme du nombre sera indispensable à l'expression de la volonté légitime, celle de la majorité. Le suffrage est donc le plus indéniable des droits du citoyen.

Chaque parti a médit de ce grand rouage. La province l'a vu, avec regret, se mettre, à Paris et dans les grands centres, au service des passions et des ambitions : de son côté, Paris proclame la province indigne par son ignorance d'exercer la souveraineté et renvoie le *rural à son étable*, selon l'expression de messieurs de la Commune.

Eh! bien, ces petits tyrans, je les comprends; quand on se pose soi, comme faisait le Roi-Soleil, avec sa devise : *Nec pluribus impar*, et qu'on dit, comme lui : La France, c'est moi; la nation, c'est moi, *moi, dis-je, et c'est assez !* on doit être conséquent. Mais que les hommes d'ordre songent à toucher à ce droit sacré, si ce n'est pour lui donner des garanties de sincérité, je ne comprends plus.

L'accusation d'ignorance n'est pas plus fondée qu'elle eût pu l'être sous le régime du cens électoral, d'où tout ce qu'on nommait *les capacités* était exclu, s'il n'était censitaire. Et puis ce qui fausse le plus le jugement, ce n'est pas certaine ignorance, c'est l'ambition ou l'intérêt. Une modeste ignorance est souvent un rempart contre ces basses influences.

Si cela est vrai, c'est surtout dans les centres que le jugement risque le plus d'être faussé, aussi bien chez le candidat que chez l'électeur. Rappelons-nous les réunions politiques de Paris en 1868. « Chapeau bas ! » criait-on au candidat, « chapeau bas devant le Souverain !..... Nous voulons vous soumettre au mandat impératif ! » Combien ont incliné leur dignité et le bon sens devant leur ambition !

De son côté, l'électeur, excité par les théories insensées d'un communisme absurde, croit servir ses intérêts en poussant au désordre, comme si la guerre civile pouvait jamais fonder quelque chose d'utile?

On le voit, ces passions, ces ambitions qui faussent surtout le jugement, établissent essentiellement leur empire dans les grandes cités.

Ce qui est vrai, c'est que le suffrage universel, à la ville comme au village, ne se meut jamais que sous l'influence d'une impulsion qui est étrangère aux masses elles-mêmes : sans les excitants qui les animent, elles resteraient inertes. Sans un porte-bannière, le peuple n'a jamais fait une révolution.

Voyons comment, dans ces deux situations, se meut le suffrage universel.

A la ville, les excitateurs ne manquent pas. Ce sont les journaux de toutes nuances, les réunions politiques, les comités où se font entendre les orateurs, puis la voix publique, la rue, le *forum*, l'atelier : autant d'influences libres et légitimes.

En province, où les populations sont disséminées,

où il n'y pas de réunions publiques, où les lecteurs de journaux sont peu nombreux, il semble que le résultat du vote va être livré au hasard ou bien à la première influence venue qui voudra s'en emparer. C'est là une profonde erreur.

En général, dans les campagnes, il y a moins d'abstentions que dans les villes. Cependant, soyez-en bien sûr, nul ne se dérangera pour aller voter, s'il n'a l'intention bien formelle de déposer un vote significatif. Comment alors l'électeur procède-t-il? Il va aux informations, et où va-t-il?

Il va prendre langue chez les personnes qui ont sa confiance. Il va chez le propriétaire aisé qui reçoit les journaux, ou chez le fermier, son pareil, mais dans la perspicacité duquel il a confiance, parce qu'il l'a toujours vu agir ou raisonner en homme de sens. Il va chez le négociant, chez le petit banquier qui fait ses comptes, chez le marchand où il fait ses échanges, chez le notaire qui est chargé de ses intérêts, chez le prêtre qui dirige sa conscience, chez le médecin qui soigne ses malades et définitivement, il ne dépose son vote, soyez-en sûr, qu'en connaissance de cause.

Est-ce que ce vote n'est pas éclairé? Et de ce qu'il ne l'est pas au même flambeau que celui de Paris ou de Marseille, en vaut-il moins? On a dit quelque fois que la plupart des bulletins, à la campagne, ne représentaient que des zéros.

J'accepte la comparaison, mais j'ajoute, ce sont des zéros qui viennent, par leur *propre volonté*, se placer à la suite d'unités qui leur donnent leur signification et leur importance politique. Ces influences sont légitimes au même titre que toutes celles qui inspirent les *grands scrutins*. A la campagne, il y a peut-être moins d'esprit, mais il y a plus de bon sens : un peu de cet élément à la *Commune*, que de centaines de millions conservés ! que de vies honorables sauvées ! que de crimes infâmes épargnés ! que de considération gagnée !

Enfin, on parle de cabaret, de corruption... Je ne sais si l'on boit un peu, mais quand je me rappelle combien on mangeait avec le cens électoral, ma dignité d'électeur est rassurée. La corruption, en tous cas, trouve des difficultés invincibles à s'appliquer au suffrage universel, car il échappe à la corruption par le nombre même.

Et maintenant, comptons-nous. Les grands centres où l'on vote et se bat, comme vous savez, représentent quatre millions d'habitants ; les populations disséminées, trente-quatre millions : tirez la conséquence.

Le suffrage universel n'a mérité aucun dédain et quand il s'est trompé, ce n'est pas pour avoir manqué de logique. Si, parfois, il s'est montré un peu timide, on se sent porté à l'indulgence, après avoir assisté au spectacle de tant de hardiesses qui ont poussé la France au bord de l'abîme où elle chancelle : voici les votes.

Il débute en 1848. Son premier acte est de nommer une Assemblée *unanime* à proclamer la République. On n'a jamais vu tenter de la faire revivre avec plus d'ensemble et de bonne foi !

Mais les journées de Juin ensanglantent la capitale. La République est menacée de sombrer dans les excès, et le plus pur des républicains, Cavaignac, est contraint de frapper d'ostracisme des milliers de coupables. Le socialisme radical, les ateliers nationaux s'agitent tumultueusement derrière le voile qui laisse entrevoir le régime de la Commune ! Le suffrage universel est mis en défiance, non contre la République, mais contre le socialisme de Paris, et le prouve, en nommant une Assemblée législative réactionnaire.

Cette Assemblée fausse son mandat, elle le dépasse, elle travaille bientôt au profit de la royauté : le coup d'Etat la devance, il se fait au cri de vive la République ! vive le suffrage universel ! L'opinion publique n'avait pas voulu aller, quoique réactive, jusqu'aux menées royalistes et le suffrage universel, consulté, approuve le coup d'Etat, la République et y voit sa propre réhabilitation.

Quand l'épopée napoléonnienne, qui l'a subjugué, voit cesser sa fascination poétique, l'opposition naît et grandit chaque jour jusqu'à la chute de l'empire.

A ce moment, la France accepte, sans une seule protestation, la République ; mais bientôt, au sein de la capitale assiégée, la licence, le tumulte, l'anarchie encombrent la carrière. Le gouvernement de la défense, issu pourtant des rangs les plus démocratiques, est paralysé ; on conspire, on l'assiége : les plus folles théories de désordre et de dissolution gagnent du terrain. Le suffrage universel s'émeut, se recueille et nomme l'Assemblée actuelle.

La France entière, Paris seul créant quelques exceptions, nomme une Assemblée chargée d'arrêter les désastres de la guerre, de débrouiller le chaos ! Le scrutin éloigne de l'urne les ultras et les radicaux. Il entend nommer une Assemblée d'affaires, qui a besoin d'un très-grand calme pour traiter mûrement des difficultés de premier ordre. Il croit, il prétend en exclure les questions politiques.

Qu'arrive-t-il ? C'est que les hommes influents des anciens partis, oubliant le pacte tacite intervenu entre les électeurs et eux-mêmes, évoquent les fantômes aux fronts ceints de couronnes, aux bras armés de sceptres. Mais aussitôt, dans les élections supplémentaires, le suffrage appelle la politique ; il nomme, avec un ensemble frappant, les partisans de la République bien ordonnée !

Toute cette conduite indique parfaitement l'état des esprits et des intérêts géneraux ; quand on peut un instant s'abstraire de ses propres aspirations et qu'on regarde avec une parfaite impartialité ce grand spectacle, on ne peut s'empêcher de convenir que ces différents actes souverains ont leur sens et leur logique.

Ne critiquons plus le suffrage universel. Que les influences légitimes qui l'animent soient toujours actives, que nul ne s'endorme un instant et alors chaque intelligence s'y multipliera dans la proportion de la confiance à laquelle elle a droit. Confions-nous au suffrage universel, ne violons jamais en lui un des droits sacrés du citoyen. N'oublions pas que le jour où l'égalité civile et politique aura cessé, la grande porte des révolutions sera de nouveau ouverte, et, disons-le hautement, à une revendication légitime.

Voilà les deux grandes questions soulevées par l'objet de cet opuscule suffisamment examinées. République, suffrage universel.

Passons aux questions de forme.

Le pouvoir exécutif n'est pas, en effet, pour nous, un principe, il ne soulève qu'une question d'ordre, d'organisme, importante en pratique bien plus qu'en principe.

Le pouvoir exécutif ne peut s'entendre que d'une

chose subordonnée, c'est-à-dire pouvoir émané du Souverain. Le Souverain étant la volonté nationale, exprimée par le suffrage universel, il tombe sous le simple bon sens que le principe de la souveraineté personnelle ne saurait coexister. Donc, le premier acte de la légitimité, en France, ne pourrait être que l'abolition du suffrage universel et du principe de la *Nation souveraine*. L'entreprise serait-elle digne d'un parti sérieux ?

Examinons ce que devrait être l'exécutif, dans l'organisation républicaine. L'opinion que je vais émettre, e l'ai déjà publiée en 1849 ; les évènements qui se sont jproduits depuis, m'ont assez donné raison, pour que j'y persiste aujourd'hui.

Le principe de la souveraineté nationale implique la nécessité de la délégation ; la nation ne saurait être en délibération permanente. Elle élit une commission chargée de légiférer et celle-ci nomme son Président, c'est ce qu'on appelle l'Assemblée de la nation.

Ainsi constituée et souveraine, l'Assemblée de la nation nomme le pouvoir exécutif dans la personne de ministres présidés par un chef qui est l'ultime représentant de la République, et qui concentre les pouvoirs dont l'Assemblée trouve à propos de se dessaisir. C'est le Président de la République.

Nous le disions plus haut, en principe, la présidence n'a point d'autre importance que celle d'une forme à déterminer dans l'activité du pouvoir exécutif, si bien qu'à la rigueur, on comprendrait très-bien la République avec une présidence à vie ou même héréditaire.

Mais, dans la pratique, ce rouage perfide a compromis chaque fois la stabilité de la République. Il faut donc, tout en conservant ce ressort indispensable au mécanisme, l'entourer de toutes les conditions de sécurité publique qui lui ont manqué jusqu'à ce jour, sans nuire pourtant à son indispensable autorité.

Ce moyen est simple, il est d'une certitude absolue, il n'offre aucun danger, il n'affaiblit pas l'autorité présidentielle, il est contenu dans un mot, c'est l'*amovibilité*.

Avec l'amovibilité tombe la nécessité d'une Constitution, ce contrat synallagmatique, toujours violé, point de départ de toutes les révolutions. Ici, pas de contrat à terme avec la présidence, et, pour conséquence, pas de Constitution.

Aussi longtemps que le Président donne des preuves d'aptitude, de patriotisme et d'entente avec la majorité, il dirige les affaires de la France, sous l'œil de l'Assemblée ; si les circonstances contraires se produisent, la majorité met fin à son mandat et lui donne un successeur.

Dans ce mécanisme, qui n'a contre lui que son excessive simplicité, le Président n'est que le premier serviteur de la République. Il ne peut jamais se produire ni conflit ni usurpation.

N'est-il pas bien remarquable que la force des événements nous ait placés justement dans les conditions du programme que nous venons d'exposer? Oui, les circonstances nous ont donné tout cela, et ont plus fait pour l'entente générale et l'autorité du gouvernement, que n'auraient pu le faire tous les législateurs, tous les théoriciens, tous les métaphysiciens, toutes les spéculations de l'esprit. Si la France consent à rester indéfiniment dans cet admirable provisoire, après la proclamation de la République, elle est sauvée.

L'auteur étant républicain par principe et conservateur par goût, on doit comprendre combien il est doublement heureux de pouvoir conclure en quatre mots : « *Gardons ce que nous avons.* »

Que de grandes choses déjà accomplies par le Président amovible et l'Assemblée ! La paix conclue avec un ennemi victorieux et rapace; l'emprunt, la plus gigantesque opération financière qui ait vu le jour, réalisé d'une façon splendide; la France réorganisée en grande partie; le brigandage politique rentré dans l'ombre; enfin, l'Europe, émue d'un si grand spectacle, envoyant ses ambassadeurs au gouvernement inconstitué.

Les hommes des partis extrêmes qui oseraient toucher à cette arche qui se tient majestueusement au-dessus des flots agités de la politique, ne pourraient être qu'imprudents révolutionnaires, quelle que fût la couleur de leur drapeau.

Il ne faut plus que des lois, de bonnes lois, de fortes lois! Ces liens si blessants, quand c'est la monarchie qui en charge le peuple, il les bénira quand ils n'enchaîneront que les ennemis de la République.

Surtout pas de Constitution, ne fût-ce que pour éviter à la France le dégoût qui résulte de la satiété... Nous sommes repus de Constitutions... Je demande grâce !

Il n'y a et n'aurait jamais dû y avoir qu'une Constitution, car elle fut écrite par Dieu dans la nature humaine; 89 l'y découvrit; elle n'a que deux mots : *Souveraineté nationale*, c'est la République de tous, par tous, et pour tous c'est-à-dire :

RÉPUBLIQUE DÉMOCRATIQUE, SUFFRAGE UNIVERSEL : LA SOUVERAINETÉ NATIONALE ABSOLUE, LE POUVOIR EXÉCUTIF UNIPERSONNEL ET AMOVIBLE.

C'est au suffrage qu'appartiendra le dernier mot dans les élections prochaines : dès aujourd'hui, il peut exercer une action légitime sur l'Assemblée actuelle, par l'expression anticipée de l'opinion.

Que chacun fasse son devoir, et nous constituerons cette grande synthèse, dont l'étendard portera :

République, Liberté, Ordre.

Le Puy, imprimerie et litnographie M.-P. Marchessou.

www.ingramcontent.com/pod-product-compliance
Lightning Source LLC
LaVergne TN
LVHW010252230826
846091LV00007B/2933

* 9 7 8 2 0 1 1 7 6 1 0 1 9 *